Introducción a la armonía moderna

Por

Héctor Chávez

CONTENIDO

1) Escalas mayores
2) Escala mayor armonizada
3) Escala mayor armonizada en cuatro notas
4) Nomenclatura de acordes
5) Tabla de transportación para acordes
6) Proceso del cuadro armónico
7) Tabla de transportación para escala mayor
8) Escala mayor armonizada de manera visual
9) Modos o grados de la escala mayor
10) Escala menor armónica
11) Escala menor armónica armonizada de manera visual
12) Modos o grados de la escala menor armónica
13) Las siete reglas de oro
14) Escala menor melódica
15) Escala menor melódica armonizada de manera visual
16) Modos o grados de la escala menor melódica
17) Escala penta tónica/sentidos de las escalas penta tónicas
18) Escala penta tónica armonizada
19) Cromatizacion de las escalas en general
20) Escala disminuida(dom)
21) Escala disminuida
22) Utilización simple del acorde disminuido
23) Escala whole tone
24) Triadas alternantes
25) Tensión y resolución
26) Armonía total
27) Escalas (exóticas)

IMPROVISAR

Improvisar es todo un arte; tan personal y subjetivo que no es fácil emitir una opinión sobre lo que el músico que improvisa hace llegar asta nuestros oídos. Podremos hablar de su técnica, de su vocabulario, de su intención, etc., pero al final siempre entraremos en conflicto con lo estético.

Sin embargo, lo que siempre tendremos en común es esa necesidad de expandir nuestro lenguaje musical, y hablando de improvisar siempre estaremos preguntando: ¿Qué mas puedo hacer?, ¿hasta donde puedo llegar? Y resulta inevitable también recurrir al estilo de otros músicos para tomar lo que consideramos valioso y útil para nuestro propio estilo.

Al respecto, creo que a veces se llega a tal extremo que comenzamos a copiar más que a influenciarnos, y es en ese momento en el que podemos caer en frustraciones por no poder imitar el modelo elegido. En ese caso creo que deberíamos tener presente que hay que movernos con libertad pero de acuerdo con nuestra propia identidad, esto es, que al tomar recursos de otro músico deberíamos estar conscientes de que no somos ese músico, sino nosotros mismos.

ESCALAS MAYORES

Formula para escalas mayores
T T st T T T st

Orden real de sostenidos por quintas

C
G F#
D F# C#
A F# C# G#
E F# C# G# D#
B F# C# G# D# A#
F# F# C# G# D# A# E#
C# F# C# G# D# A# E# B#

Orden real de bemoles

F Bb
Bb Bb Eb
Eb Bb Eb Ab
Ab Bb Eb Ab Db
Db Bb Eb Ab Db Gb
Gb Bb Eb Ab Db Gb Cb
Cb Bb Eb Ab Db Gb Cb Fb

ESCALA MAYOR ARMONIZADA

Acorde de tres notas formado por:

TONICA	TERCERA MAYOR	QUINTA
C	**E**	**G**
2 tonos	1 ½ tonos	

Formaremos la escala mayor armonizada con tres notas y símbolos perfectamente escritos.

Escala de CDEGAB

NOTAS   **SIMBOLO**

CEG-- C
DFA-- Dm
EGB-- Em
FAC-- F
GBD-- G
ACE-- Am
BDF-- Bm-5

Escala de FGABbCDE

NOTAS   **SIMBOLO**

FAC-- F
GBbD--- Gm
ACE-- Am
BbDF--- Bb
CEG-- C
DFA-- Dm
EGBb--- Em-5

Escala de Bb C D Eb F G A

Notas	símbolo
Bb D F	Bb
C Eb G	Cm
D F A	Dm
Eb G Bb	Eb
F A C	F
G Bb D	Gm
A C Eb	Am -5

Escala de Eb F G Ab Bb C D

Notas	símbolo
Eb G Bb	Eb
F Ab C	Fm
G Bb D	Gm
Ab C Eb	Ab
Bb D F	Bb
C EB G	Cm
D F Ab	Dm-5

Escala de Ab Bb C Db Eb F G

Notas	símbolo
Ab C Eb	Ab
Bb Db F	Bbm
C Eb G	Cm
Db F Ab	Db
Eb G Bb	Eb
F Ab C	Fm
G Bb Db	Gm-5

Escala de Db Eb F Gb Ab Bb C

Notas	símbolo
Db F Ab	Db
Eb Gb Bb	Ebm
F Ab C	Fm
Gb Bb Db	Gb
Ab C Eb	Ab
Bb Db F	Bbm
C Eb Gb	Cm-5

Escala de Gb Ab Bb Cb Db Eb F
Notas   símbolo
Gb Bb Db ---------------------- Gb
Ab Cb Eb ---------------------- Abm
Bb Db F ----------------------- Bbm
Cb Eb Gb ---------------------- Cb
Db F Ab ----------------------- Db
Eb Gb Bb ---------------------- Ebm
F Ab Cb ----------------------- Fm-5

Escala de B C# D# E F# G# A#
Notas   símbolo
B D# F# ----------------------- B
C# E G# ----------------------- C#m
D# F# A# ---------------------- D#m
E G# B ------------------------ E
F# A# C# ---------------------- F#
G# B D# ----------------------- G#m
A# C# E ----------------------- A#m-5

Escala de E F# G# A B C# D#
Notas   símbolo
E G# B ------------------------ E
F# A C# ----------------------- F#m
G# B D# ----------------------- G#m
A C# E ------------------------ A
B D# F# ----------------------- B
C# E G# ----------------------- C#m
D# F# A ----------------------- D#m-5

Escala A B C# D E F# G#
Notas   símbolo
A C# E ------------------------ A
B D F# ------------------------ Bm
C# E G# ----------------------- C#m
D F# A ------------------------ D
E G# B ------------------------ E
F# A C# ----------------------- F#m
G# B D ------------------------ G#m-5

Escala de D E F# G A B C#
Notas   símbolo
D F# A --------------------------- D
E G B ---------------------------- Em
F# A C# -------------------------- F#m
G B D ---------------------------- G
A C# E --------------------------- A
B D F# --------------------------- Bm
C# E G --------------------------- C#m-5

Escala de G A B C D E F#
Notas   símbolo
G B D ---------------------------- G
A C E ---------------------------- Am
B D F# --------------------------- Bm
C E G ---------------------------- C
D F# A --------------------------- D
E G B ---------------------------- Em
F# A C --------------------------- F#m-5

EJERCICIO EN TODAS LAS TONALIDADES EN ORDEN DE CUARTAS

ESCALA MAYOR ARMONIZADA EN CUATRO NOTAS

Manera de juzgar la cuarta nota o séptimo grado real en cada uno de estos acordes.
Si dicha nota estuviere a medio tono de distancia de la raíz será denominado de séptima mayor cuyo símbolo en la actualidad es Δ, y si dicha nota estuviere a un tono de distancia de la raíz será denominado de séptima dominante cuyo símbolo es 7.

Escala de CDEFGAB

NOTAS   **SIMBOLO**

- CEGB -- CΔ
- DFAC -- Dm7
- EGBD -- Em7
- FACE -- FΔ
- GBDF -- G7
- ACEG -- Am7
- BDFA -- Bm7-5

Escala de F G A Bb C D E

Notas   símbolo

- F A C E -- FΔ
- G Bb D F -- Gm7
- A C E G -- Am7
- Bb D F A -- BbΔ
- C E G Bb -- C7
- D F A C -- Dm7
- E G B D -- Em7-5

Escala de Bb C D Eb F G A

Notas   símbolo

- Bb D F A -- BbΔ
- C Eb G Bb -- Cm7
- D F A C -- Dm7
- Eb G Bb D -- EbΔ
- F A C Eb -- F7
- G Bb D F -- Gm7
- A C Eb G -- Am7-5

Escala de Eb F G Ab Bb C D

Notas   símbolo

- Eb G Bb D -- EbΔ
- F Ab C Eb -- Fm7
- G Bb D F -- Gm7
- Ab C Eb G -- AbΔ
- Bb D F Ab -- Bb7
- C Eb G Bb -- Cm7
- D F Ab C -- Dm7-5

Escala de Ab Bb C Db Eb F G
Notas   símbolo
Ab C Eb G ------------------------------ AbΔ
Bb Db F Ab ----------------------------- Bbm7
C Eb G Bb ------------------------------ Cm7
Db F Ab C ------------------------------ Db Δ
Eb G Bb Db ----------------------------- Eb7
F Ab C Eb ------------------------------ Fm7
G Bb Db F ------------------------------ Gm7-5

Escala de Db Eb F Gb Ab Bb C
Notas   símbolo
Db F Ab C ------------------------------ DbΔ
Eb Gb Bb Db ---------------------------- Ebm7
F Ab C Eb ------------------------------ Fm7
Gb Bb Db F ----------------------------- GbΔ
Ab C Eb Gb ----------------------------- Ab7
Bb Db F Ab ----------------------------- Bbm7
C Eb Gb Bb ----------------------------- Cm7-5

Escala de Gb Ab Bb Cb Db Eb F
Notas   símbolo
Gb Bb Db F ----------------------------- GbΔ
Ab Cb Eb Gb---------------------------- Abm7
Bb Db F Ab ----------------------------- Bbm7
Cb Eb Gb Bb --------------------------- CbΔ
Db F Ab Cb ---------------------------- Db7
Eb Gb Bb Db --------------------------- Ebm7
F Ab Cb Eb ----------------------------- Fm7-5

Escala de B C# D# E F# G# A#
Notas   símbolo
B D# F# A# ----------------------------- BΔ
C# E G# B------------------------------ C#m7
D# F# A# C# --------------------------- D#m7
E G# B D# ----------------------------- EΔ
F# A# C# E----------------------------- F#7
G# B D# F# ---------------------------- G#m7
A# C# E G# ---------------------------- A#m7-5

Escala de E F# G# A B C# D#

Notas	símbolo
E G# B D#	EΔ
F# A C# E	F#m7
G# B D# F#	G#m7
A C# E G#	AΔ
B D# F# A	B7
C# E G# B	C#m7
D# F# A C#	D#m7-5

Escala de A B C# D E F# G#

Notas	símbolo
A C# E G#	AΔ
B D F# A	Bm7
C# E G# B	C#m7
D F# A C#	DΔ
E G# B D	E7
F# A C# E	F#m7
G# B D F#	G#m7-5

Escala de D E F# G A B C#

Notas	símbolo
D F# A C#	DΔ
E G B D	Em7
F# A C# E	F#m7
G B D F#	GΔ
A C E G	A7
B D F# A	Bm7
C# E G B	C#m7-5

Escala de G A B C D E F#

Notas	símbolo
G B D F#	GΔ
A C E G	Am7
B D F# A	Bm7
C E G B	CΔ
D F# A C	D7
E G B D	Em7
F# A C E	F#m7-5

NOMENCLATURA DE ACORDES

ACORDE SUS (SUSPENDIDO)

Este es el único caso en que un acorde no lleva el tercer grado apareciendo en su lugar el cuarto grado.

```
C   E   G                C   F   G
                                Sus
```

Dicho símbolo "sus" deberá siempre colocarse al final del acorde.

C   F   Gb---------------------------- C-5SUS

C   F   Gb   Bb--------------------- C7-5SUS

Los grados alterados deberán especificarse en símbolos de mayor a menor después de los grados sin alteración ejemplo; un acorde de 7 que lleve alterados los grados quinto, noveno, onceavo y treceavo, primeramente especificaremos la séptima dominante enseguida la treceava después la onceava luego la novena y al final la quinta.

ACORDE 6

Este se refiere a la triada básica y la sexta.

C E G A -------------------------------- C6

C Eb G A ------------------------------- Cm6

C Eb Gb A ----------------------------- Cm6-5

ACORDE 7/6

Este se refiere a la triada básica sexta y séptima dominante.

C E G A Bb ------------------------------ C7/6
C Eb Gb A Bb --------------------------- Cm 7/6-5

ACORDE 9/6

Este se refiere a la triada básica sexta, novena sin séptima dominante.

C E G A D ---------------------------------- C9/6

ACORDE 9

Este se refiere a la triada básica séptima y novena.

C E G Bb D ------------------------------ C9

C E G B D ------------------------------ C△9

ACORDE 11

Este se refiere a la triada básica séptima, novena y onceava.

C E G Bb D F ------------------------------ C11
C E G B D F ------------------------------ C▲13

ACORDE 13

Anteriormente un acorde de treceava contenía también la onceava en la actualidad se expresa la onceava con el símbolo si queremos que el once aparezca en el acorde

C E G Bb D A ------------------------------ C13

C E G Bb D F A ------------------------------ C13 (11)

ACORDE 9 add (ADERIDA)

Este se refiere a la triada básica y novena

C E G D ------------------------------ C(9)

ACORDES SEMIDISMINUIDO Y DISMINUIDO

Este proviene de otro de séptima dominante pero en este caso bajamos medio tono únicamente el tercero y quinto grado.

C   Eb   Gb   Bb   = Cø

C   Eb   Gb   = C dim

C   Eb   Gb   Bbb = C dim7

ACORDE 11/6

Este se refiere a la triada básica sexta novena y onceava.

C E G A D F ------------------------- C 11/6

REGLAS DE ACORDES

Un acorde menor no podrá llevar novena aumentada

Un acorde mayor no podrá llevar onceava disminuida

Un acorde "sus" no podrá llevar onceava justa

Un acorde -5 no podrá llevar onceava aumentada

Un acorde +5 no podrá llevar treceava disminuida

Un acorde séptima dominante no podrá llevar treceava aumentada

TABLA DE TRANSPORTACION PARA ACORDES

	sus / M / m	+5 / 5 / -5	6 / Δ / 7	+9 / 9 / -9	+11 / 11 / -11	+13 / 13 / -13
C	F (sus) **E (M)** Eb(m)	G# (+5) **G (5)** Gb(-5)	A(6) **B(Δ)** Bb(7)	D#(+9) **D (9)** Db(-9)	F#(+11) **F (11)** Fb(-11)	A#(+13) **A (13)** Ab(-13)
F	Bb(sus) **A (M)** Ab(m)	C#(+5) **C(5)** Cb(-5)	D(6) **E(Δ)** Eb(7)	G#(+9) **G(9)** Gb(-9)	B(+11) **Bb(11)** Bbb(-11)	D#(+13) **D(13)** Db(-13)
Bb	Eb(sus) **D(M)** Db(m)	F#(+5) **F(5)** Fb(-5)	G(6) **A(Δ)** Ab(7)	C#(+9) **C(9)** Cb(-9)	E(+11) **Eb(11)** Ebb(-11)	G#(+13) **G(13)** Gb(-13)
Eb	Ab(sus) **G(M)** Gb(m)	B(+5) **Bb(5)** Bbb(-5)	C(6) **D(Δ)** Db(7)	F#(+9) **F(9)** Fb(-9)	A(+11) **Ab(11)** Abb(-11)	C#(+13) **C(13)** Cb(-13)
Ab	Db(sus) **C(M)** C(m)	E(+5) **Eb(5)** Ebb(-5)	F(6) **G(Δ)** Gb(7)	B(+9) **Bb(9)** Bbb(-9)	D(+11) **Db(11)** Dbb(-11)	F#(+13) **F(13)** Fb(-13)
Db	Gb(sus) **F(M)** Fb(m)	A(+5) **Ab(5)** Abb(-5)	Bb(6) **C(Δ)** Cb(7)	E(+9) **Eb(9)** Ebb(-9)	G(+11) **Gb(11)** Gbb(-11)	B(+13) **Bb(13)** Bbb(-13)

	Cb(sus)	D(+5)	Eb(6)	A(+9)	C(+11)	E(+13)
Gb	**Bb(M)**	**Db(5)**	**F(Δ)**	**Ab(9)**	**Cb(11)**	**Eb(13)**
	Bbb(m)	Dbb(-5)	Fb(7)	Abb(-9)	Cbb(-11)	Ebb(-13)

	E(sus)	F(+5)	G#(6)	CX(+9)	E#(+11)	GX(+13)
B	**D#(M)**	**F#(5)**	**A#(Δ)**	**C#(9)**	**E(11)**	**G#(13)**
	D(m)	F(-5)	A(7)	C(-9)	Eb(-11)	G(-13)

	A(sus)	B#(+5)	C#(6)	F(+9)	A#(+11)	CX(+13)
E	**G#(M)**	**B(5)**	**D#(Δ)**	**F#(9)**	**A(11)**	**C#(13)**
	G(m)	Bb(-5)	D(7)	F(-9)	Ab(-11)	C(-13)

	D(sus)	E#(+5)	F#(6)	B#(+9)	D#(+11)	FX(+13)
A	**C#(M)**	**E(5)**	**G#(Δ)**	**B(9)**	**D(11)**	**F#(13)**
	C(m)	Eb(-5)	G(7)	Bb(-9)	Db(-11)	F(-13)

	G(sus)	A#(+5)	B(6)	E#(+9)	G#(+11)	B#(+13)
D	**F#(M)**	**A(5)**	**C#(Δ)**	**E(9)**	**G(11)**	**B(13)**
	F(m)	Ab(-5)	C(7)	Eb(-9)	Gb(-11)	Bb(-13)

	C(sus)	D#(+5)	E(6)	A#(+9)	C#(+11)	E#(+13)
G	**B(M)**	**D(5)**	**F#(Δ)**	**E(9)**	**G(11)**	**B(13)**
	Bb(m)	Db(-5)	F(7)	Ab(-9)	Cb(-11)	Eb(-13)

PROCESO DEL CUADRO ARMONICO

Explicación del cuadro.

Se sitúa la nota C diagonalmente comenzando desde el extremo superior izquierdo.

En el primer renglón horizontal se anota la escala mayor de C hasta el B.

A partir de cada C poner cada nota en los mismos intervalos que tiene la escala de C.

Ya formadas todas las escalas se ponen en otro cuadro.

Con el mismo orden se ponen en otro cuadro pero ahora por terceras (para formar
Acordes).

Primer cuadro:

C	D	E	F	G	A	B
Bb	**C**	D	Eb	F	G	A
Ab	Bb	**C**	Db	Eb	F	G
G	A	B	**C**	D	E	F#
F	G	A	Bb	**C**	D	E
Eb	F	G	Ab	Bb	**C**	D
Db	Eb	F	Gb	Ab	Bb	**C**

Segundo cuadro:

C	E	G	B	D	F	A
C	Eb	G	Bb	D	F	A
C	Eb	G	Bb	Db	F	Ab
C	E	G	B	D	F#	A
C	E	G	Bb	D	F	A
C	Eb	G	Bb	D	F	Ab
C	Eb	Gb	Bb	Db	F	Ab

TABLA DE TRASPORTACION PARA ESCALA MAJOR

	3 notas	4 notas	5 notas	6 notas	6sin (11)	7 notas
I	M	Δ	Δ9	Δ11	Δ13	Δ13 (11)
II	m	m7	m9	m11	m13	m13(11)
III	m	m7	m7-9	m11-9	m7-13-9	m11-13-9
IV	M	Δ	Δ9	Δ9+11	Δ13	Δ13+11
V	M	7	9	11	13	13(11)
VI	m	m7	m9	m11	m9-13	m11-13
VII	m-5	m7-5	m7-9-5	m11-9-5	m7-13-9-5	m11-13-9-5

ESCALA MAYOR ARMONIZADA DE MANERA VISUAL

Esta consiste en construir cada de los 7 renglones de la escala mayor nuevos acordes no contemplados por el cuadro armónico anteriormente desarrollado.

Tomaremos siempre como raíz la nota C y formaremos acordes tomando notas de la escala del mismo renglón basándonos en las reglas de nomenclatura de acordes ejemplo;

Si las notas del primer renglón son las siguientes

C E G B D F A

Podemos construir nuevos acordes tomando notas al gusto como primer acorde bajaremos las notas **C F G** para obtener un **C sus**, y a esto le llamaremos armonizar de manera visual.

Como condición especial nunca modificaremos las notas de la escala en cuestión de no ser por sus enarmónicos o equivalentes ejemplo;

C   Eb   G se puede cambiar el **Eb** por **D#.**

ARMONIZAR ESCALA MAYOR DE MANERA VISUAL

I Grado	II Grado	III Grado	IV Grado	V Grado
sus	sus	sus	-5	sus
6	m6	+5sus	6	6
6sus	6sus	m+5	6-5	6sus
Δsus	(9) sus	7sus	Δ-5	7sus
(9)	m (9)	7+5sus	(9)	(9)
(9) sus	7sus	m7+5	-5(9)	(9) sus
Δ6	m7/6	7-9sus	Δ6	7/6
Δ6sus	m9/6	7-9+5sus	Δ6-5	9/6
9/6	7/6sus	7+9+5sus	Δ9-5	7/6sus
Δ 9/6	9/6sus	7+9sus	9/6	9/6sus
Δ9sus	9sus	m7-9+5	9/6-5	9sus
Δ13sus	7+9sus	m11-9+5	9/6+11	13sus
	6+9sus	7-13-9sus	Δ13-5	
	13sus	7-13+9sus		
	13+9sus			

VI Grado

		VII Grado	
sus	m9+5	-5sus	m11-9+5
+5sus	9+5sus	+5sus	7-13-9-5sus
m+5	7+9+5sus	m+5	7-13+9-5sus
7sus	m11+5	7-5sus	
(9) sus	9-13sus		
m7+5	7-13+9sus	m7+5	
m(9)		7-9-5sus	
m+5(9)		7-9+5sus	
+5(9)sus		7+9-5sus	
7+5sus		7+9+5sus	
9sus		m7-9+5	
7+9sus		m7+11-9+5	

MODOS O GRADOS DE LA ESCALA MAYOR
(Modos griegos)

Definición: son el desplazamiento de una escala mayor, por lo tanto son siete y sus nombres son:

Iónico: C D E F G A B C

Dorio: D E F G A B C D

Phygian: E F G A B C D E

Lidian: F G A B C D E F

Mixolidian: G A B C D E F G

Aeolian: A B C D E F G A

Locrian: B C D E F G A B

Nota: hacer en todas las tonalidades en orden de cuartas

ESCALA MENOR ARMONICA

Proviene de la escala mayor bajando medio tono el tercero y sexto grado

C   D   Eb   F   G   Ab   B

21

Cuadro armónico de la escala menor armónica

C	D	Eb	F	G	Ab	B
Bb	**C**	Db	Eb	F	Gb	A
A	B	**C**	D	E	F	G#
G	A	Bb	**C**	D	Eb	F#
F	G	Ab	Bb	**C**	Db	E
E	F#	G	A	B	**C**	D#
Db	Eb	Fb	Gb	Ab	Bbb	**C**

Cuadro por terceras

C	Eb	G	B	D	F	Ab
C	Eb	Gb	Bb	Db	F	A
C	E	G#	B	D	F	A
C	Eb	G	Bb	D	F#	A
C	E	G	Bb	Db	F	Ab
C	E	G	B	D#	F#	A
C	Eb	Gb	Bbb	Db	Fb	Ab

	3 notas	4 notas	5 notas	6 notas	6 sin (11)	7 notas
I	m	mΔ	mΔ9	mΔ11	mΔ9-13	mΔ11-13
II	m-5	m7-5	m7-9-5	m-11-9-5	m13-9-5	m13-9-5(11)
III	+5	Δ+5	Δ9+5	Δ11+5	Δ13+5	Δ13+5(11)
IV	m	m7	m9	m9+11	m13	m13+11
V	M	7	7-9	11-9	7-13-9	11-13-9
VI	M	Δ	Δ+9	Δ+11+9	Δ13+9	Δ13+11+9
VII	m-5	m6-5	m6-9-5	m6-11-9-5	m6-13-9-5	m6-13-11-9-5

ESCALA MENOR ARMONICA ARMONIZADA DE MANERA VISUAL

I Grado	II Grado	III Grado	IV Grado	V Grado
m+5	-5sus	+5sus	m-5	sus
sus	m6-5	6+5	m6	+5
+5sus	6-5sus	+5(9)	m6-5	+5sus
Δsus	7-5sus	6+5sus	m7-5	7+5
mΔ+5	m6-9-5	Δ+5sus	m(9)	7sus
m+5(9)	m7/6-5	+5(9)sus	m-5(9)	7+5sus
m (9)	7/6-5sus	Δ6+5	m7/6	7-9+5
(9)sus	6-9-5sus	9/6+5	m7/6-5	7-9sus
Δ+5sus	6+9-5sus	Δ6+5sus	m9-5	7-9+5sus
+5(9) sus	7-9-5sus	Δ9+5sus	m9/6	11-9+5
mΔ9+5	7+9-5sus	9/6+5sus	m9/6-5	7-13-9sus
Δ+9sus	m11/6-9-5	11/6+5	m9/6+11	
Δ9+5sus	13-9-5sus	Δ13+5sus	m13-5	
Δ9sus	13+9-5sus			
Δ+9+5sus				
mΔ11+5				
Δ9-13sus				
Δ-13+9sus				

VI Grado	VII Grado
m	-5
-5	+5
m-5	m+5
6	6-5
m6	m6+5
6-5	6+5
m6-5	6-9-5
Δ-5	6+9-5
mΔ	6-9+5
mΔ-5	6+9+5
Δ6	m6-9+5
Δ6-5	6+11-9+5
6+9	6+11+9+5
6+9-5	m6+11-9+5
mΔ6	m6-11+5
Δ+9-5	6-13+9-5
mΔ6-5	6-13-9-5
Δ6+9	
6+11+9	
Δ13+9-5	

MODOS O GRADOS DE LA ESCALA MENOR ARMONICA

Iónico: C D Eb F G Ab B C   **menor armonica**

Dorio: D Eb F G Ab B C D   **locrio 6**

Phygian: Eb F G Ab B C D Eb   **jonico aum**

Lidian: F G Ab B C D Eb F   **dorico #4**

Mixolidian: G Ab B C D Eb F G   **frigio mayor**

Aeolian: Ab B C D Eb F G Ab   **lidio # 9**

Locrian: B C D Eb F G Ab B   **Locrio b4 bb7**

Nota: hacer ejercicio en todas las tonalidades en orden de cuartas.

LAS 7 REGLAS DE ORO

PRIMERO: Un acorde de séptima es un dominante o V grado de una tonalidad mayor

SEGUNDO: Un acorde de séptima puede ser un V grado de un acorde mayor en una tonalidad mayor o de un acorde menor en una tonalidad menor armónica

TERCERO: Un acorde de séptima que hace de quinta de cualquier grado de una tonalidad mayor que no sea el primer (I) grado se denomina dominante secundario, y se analiza independientemente del resto de acordes de la tonalidad mayor.

CUARTO: Un dominante secundario, como acorde de séptima que es, se toma como V grado de una nueva tonalidad y se le aplica un modo mixolidio mientras este dura.

QUINTO: Los acordes de séptima, lleven la tercera mayor o lleven la tercera menor, pueden alterarse disminuyendo o alterando la quinta.

SEXTO: Un acorde de séptima con la quinta alterada requerirá una escala que contenga dicha alteración, perdiendo así parte de su estructura interna y su papel en la tonalidad de origen, debiendo ser analizado como perteneciente a otra tonalidad.

SEPTIMO: Al acto de cambiar de tonalidad se le llama modulación.

ESCALA MENOR MELODICA

Proviene de la escala mayor bajando medio tono el tercer grado

C   D   Eb   F   G   A   B

Cuadro armónico de la escala menor melódica

C   D   Eb   F   G   A   B
Bb **C**   Db   Eb   F   G   A
A   B   **C**   D   E   F#   G#
G   A   Bb   **C**   D   E   F#
F   G   Ab   Bb   **C**   D   E
Eb F   Gb   Ab   Bb   **C**   D
Db Eb   Fb   Gb   Ab   Bb   **C**

Cuadro armonico por terceras.

C   Eb   G   B   D   F   A
C   Eb   G   Bb   Db   F   A
C   E   G#   B   D   F#   Ab
C   E   G   Bb   D   F#   A
C   E   G   Bb   D   F   Ab
C   Eb   Gb   Bb   D   F   Ab
C   Eb   Gb   Bb   Db   Fb   Ab

	3 nota	4 notas	5 notas	6 notas	6 notas sin(11)	7 notas
I	m	mΔ	mΔ9	mΔ11	mΔ13	mΔ13(11)
II	m	m7	m7-9	m11-9	m13-9	m13-9(11)
III	+5	Δ+5	Δ9+5	Δ9+11+5	Δ13+5	Δ13+11+5
IV	M	7	9	9+11	13	13+11
V	M	7	9	11	9-13	11-13
VI	m-5	m7-5	m9-5	m11-5	m9-13-5	m11-13-5
VII	m-5	m7-5	m7-9-5	m7-11-9-5	m7-13-9-5	m7-13-11-9-5

ESCALA MENOR MELODICA ARMONIZADA DE MANERA VISUAL

I Grado	II Grado	III Grado	IV Grado	V Grado
sus	sus	-5	-5	sus
m6	m6	Δ-5	6	+5
m(9)	6sus	6-5	6-5	+5sus
Δsus	7sus	6+5	7-5	7sus
6sus	m6-9	-5(9)	-5(9)	7+5
(9)sus	m7/6	+5(9)	(9)	7+5sus
mΔ6	7/6sus	Δ6-5	9/6	(9)
Δ6sus	6-9sus	Δ6+5	9/6-5	+5(9)
Δ9sus	6+9sus	Δ9-5	7/6	+5(9)sus
m9/6	7-9sus	9/6-5	7/6-5	(9)sus
6+9sus	7+9sus	9/6+5	9-5	9sus
9/6sus	m11/6-9	9/6+11+5	9/6+11	9+5
Δ+9sus	13-9sus	Δ13-5	13-5	9+5sus
m11/6	13+9sus	Δ9-13-5		11+5
Δ13sus		9/6-13-5		9-13sus
Δ13+9sus		Δ6-13-5		

VI Grado	VII Grado
-5sus	-5
m+5	+5
+5sus	m+5
m7+5	7-5
7-5sus	m7+5
7+5sus	7+5
-5(9)sus	7-9-5
+5(9)sus	7-9+5
m+5(9)	7+9+5
m-5(9)	7+9-5
m9+5	m7-9+5
9-5sus	m7-11-9+5
9+5sus	m7+11-9+5
7+9+5sus	7+11-9+5
7+9-5sus	7+11+9+5
m9+11+5	7-13-9-5
9+11+5sus	7-13+9-5
7+11+9+5sus	
m11+5	
9-13-5sus	
7-13+9-5sus	

MODOS O GRADOS DE LA ESCALA MENOR MELODICA

Iónico: C D Eb F G A B   **menor melódica**

Dorio: D Eb F G A B C   **dorico b2**

Phygian: Eb F G A B C D   **lidio aum**

Lidian: F G A B C D Eb   **lidio b7**

Mixolidian: G A B C D Eb F   **mixolidio b6**

Aeolian: A B C D Eb F G   **locrio #2**

Locrian: B C D Eb F G A   **súper locrio**

ESCALA PENTATONICA

Esta escala como su nombre lo indica es de cinco notas y se deriva de una escala mayor tomando los grados I-II-III-V-VI.
Ejemplo: C D E G A.

¿Cuántas escalas penta tónicas esconde la escala mayor de C?

R= 3 escalas C F G penta tónicas

Nota: para el acorde mayor podemos improvisar en la penta tónica de I-IV-V grado

SENTIDOS DE LAS ESCALAS PENTATONICAS

Sentido dulce: este se logra sobre acorde mayor aplicamos la penta tónica de su V grado

Sentido directo: sobre acorde menor se aplica penta tónica tono y medio (1 ½) arriba.

Sentido tensión normal: se logra sobre un acorde dominante aplicamos un tono abajo.

Sentido country: se logra sobre acorde mayor aplicamos la penta tónica de su misma tonalidad

Sentido blues o rock: se logra sobre acorde mayor o menor o dominante tocando la penta tónica de tono y medio (1 ½) arriba

Sentido fusión: para acorde M/Δ   +1
　　　　　　　　para acorde 7   IV grado
　　　　　　　　para acorde menor   -1

ESCALA PENTATONICA ARMONIZADA

Pentatónica de C (C D E G A)

C	D	E	G	A		C	D	E	G	A
Bb	C	D	F	G		C	D	F	G	Bb
Ab	Bb	C	Eb	F		C	Eb	F	Ab	Bb
F	G	A	C	D		C	D	F	G	A
Eb	F	G	Bb	C		C	Eb	F	G	Bb

I Grado	II Grado	III Grado	V Grado	VI Grado
M	sus	m+5	sus	m
6	(9)sus	+5sus	(9)sus	sus
(9)	7sus	m7+5	6sus	m7
9/6	9sus	7+5sus	9/6sus	7sus
		7+9+5sus		7+9sus

CROMATIZACION DE ESCALAS EN GENERAL

Hay dos formas esenciales para cromatizar las escalas

a) la primera de ellas consiste en cromatizar del primero al segundo grado del tercero al cuarto del quinto al sexto y del séptimo al octavo.

$$C\text{-}D \quad E\text{-}F \quad G\text{-}A \quad B\text{-}C$$

b) la segunda forma seria del segundo al tercero del cuarto al quinto del sexto al séptimo

$$C \quad D\text{-}E \quad F\text{-}G \quad A\text{-}B$$

¿Por qué no se cromatizan todas las notas?

R= por que se saldría de su propia escala o tonalidad

Cromatizacion de la escala penta tónica

Penta tónica   C D E G A

Penta tónica cromatizada   C D D# E G G# A

ESCALA DISMINUIDA (DOMINANTE)

Esta escala se forma a partir de la raíz sumándole ½ + 1+ ½ +1+ ½ +1 etc. hasta la octava.
(Esta escala cuenta con ocho notas).

C   Db   Eb   E   F#   G   A   Bb

Eb   E   F#   G   A   Bb   C   Db

F#   G   A   Bb   C   Db   Eb   E

A   Bb   C   Db   Eb   E   F#   G

Estas escalas son iguales por eso se les llama simétricas, con una sola escala estas formando cuatro escalas a la vez.

¿Con cuantas escalas disminuidas cubres todas las tonalidades?

R= **C, C# y D.**

C	Db	Eb	E	F#	G	A	Bb
C#	D	E	F	G	Ab	A#	B
D	Eb	F	Gb	Ab	A	B	C

ARMONIZACION VISUAL (DIS.DOM.)

M	6	m7/6-5(°7)	m7+11-9	13+9-5
m	6-5	m7/6	m7-11-9	13-9-5
m-5	7+9	m6-9	m7-11-9-5	m13-9
-5	7-9	m6-9-5(°-9)	m6+11-9	m13-9-5
7	7+9-5	6+9	m6-11-9	13+11+9
7-5	7-9-5	6-9	m6-11-9-5(°-11-9)	13+11-9
m7	7/6	6+9-5	6+11+9	m13+11-9
m7-5	7/6-5	6-9-5	6+11-9	m13-11-9
m6	m7-9	7+11+9	13+9	m13-11-9-5
m6-5	m7-9-5	7+11-9	13-9	

ESCALA DISMINUIDA

Esta escala se forma a partir de la raíz sumándole 1+1/2+1+1/2+1+1/2etc. Hasta la octava. (Esta escala cuenta con ocho notas).

C	D	Eb	F	Gb	Ab	A	B
Db	Eb	E	F#	G	A	Bb	C
D	E	F	G	Ab	Bb	B	C#

ARMONIZACION VISUAL (DIS)

m+5	mΔ9+5	mΔ11+5	Δ13+9+5sus
m-5	mΔ9-5	mΔ11-5	Δ13+9-5sus
+5sus	mΔ6+5	mΔ9+11+5	Δ9-13-5sus
-5sus	mΔ6-5(°Δ)	m116/9+5	Δ-13+9-5sus
mΔ+5	m6/9+5	m116/9-5(°11)	6-13-5sus
mΔ-5	m6/9-5(°9)	m6/9+11+5	6-13+9-5sus
m6+5	Δ+9+5sus	Δ9+11+5sus	9/6-13-5sus
m6-5(°)	Δ9+5sus	Δ+11+9+5sus	mΔ13+11+5
Δ+5sus	Δ9-5sus	6+11+9+5sus	mΔ13-5(11)
Δ-5sus	Δ+9-5sus	9/6+11+5sus	mΔ11-13-5
6+5sus	Δ6+5sus	mΔ13+5	mΔ13+5(11)
6-5sus	Δ6-5sus	mΔ13-5	Δ13+11+5sus
+5(9)sus	6+9+5sus	mΔ9-13-5	Δ13+11+9+5sus
-5(9)sus	6+9-5sus	m6/9-13-5(°9-13)	m6/11-13-5(°11-13)
m-5(9)	9/6+5sus	Δ13+5sus	Δ6-13+9-5sus
m+5(9)	9/6-5sus	Δ13-5sus	

UTILIZACION SIMPLE DEL ACORDE DISMINUIDO SOBRE LA ESCALA MAYOR ARMONIZADA

CΔ	Dm7	Em7	FΔ	G7	Am7	Bm7-5	
C°	**D°**	**E°**	**F°**	**G°**	**A°**	**B°**	= sustitutos

Nota: cuando a un tono como ejemplo CΔ se le sustituye pòr el C° es necesario cambiar la melodía de la pieza a la escala C°.

CROMATIZACION:

CΔ-C#°-Dm7-D#°-Em7-FΔ-F#°-G7-G#°-Am7-A#°-Bm7-5-CΔ

ESCALA DE TONOS COMPLETOS (WHOLE TONE)

Esta escala se compone de la raíz T+T+T+T+T+T (es de 6 notas)

ARMONIZARLA DE MANERA VISUAL

Nota: con 2 tonalidades se cubren los 12 tonos estas tonalidades son C y Db.

Escala	Raíz del acorde	Tipo de acorde
	C	+5
	D	-5
	E	7+5
C	F#(Gb)	7-5
	G#(Ab)	9+5
	A#(Bb)	9-5
		9+11+5
		9-13-5
	Db(C#)	
	Eb(D#)	
	F	
Db	G	
	A	
	B	

TRIADAS ALTERNANTES

C   Dm   Em   F   G   Am   Bm-5

¿Cuales acordes son generadores de la escala mayor?

R= C   F   G
    E   A   B
    G   C   D

C	C/C	F/C	G/C	I Grado
Dm	C/D	F/D	G/D	II Grado
Em	C/E	F/E	G/E	III Grado
F	C/F	F/F	G/F	IV Grado
G	C/G	F/G	G/G	V Grado
Am	C/A	F/A	G/A	VI Grado
Bm-5	C/B	**Dm/B**	G/B	VII Grado

TENCION Y RESOLUCION

				Tensión	Resolución
C	C/C	F/C	G/C	G/C	C
Dm	C/D	F/D	G/D	C/D	F/D
Em	C/E	F/E	G/E	C/E	G/E
F	C/F	F/F	G/F	C/F y G/F	F
G	C/G	F/G	G/G	F/G	G
Am	C/A	F/A	G/A	C/A	F/A
Bm-5	C/B	Dm/B	G/B	C/B	Dm/B

Nota: los acordes subrayados quedan fuera.

ARMONIA TOTAL

Esta consiste en sustituir acordes de la tabla de transportación de la escala mayor por otros de siete notas configuradas por cuartas justas.

Ejem   tonalidad   C
            Acorde dado G7= G B D F
            Por cuartas   **B E A D G C F**

Nota: las cuartas se toman a partir de la nota de B que es de la tonalidad de C a la que pertenece el G7.
Para encontrar las cuartas justas nos basaremos en la séptima mayor de la tonalidad central.

Ejem (2)   tonalidad   F
              Acorde dado Am= A C E
              Por cuartas   **E A D G C F Bb**

Ejem (3)   tonalidad   C
           Acorde dado   Bm7-9-5= B D F A C
           Por cuartas   B E A D G C F

Cuando se tienen acordes que no pertenecen a la tonalidad mayor se hacen los pasos igual que anteriormente solo se modifican las escalas según c/u de los casos

ejem   tonalidad   **Cm** (C D Eb F G Ab B) armónica
           Acorde dado   G7= G B D F
           Por cuartas   **B Eb Ab D G C F**

ESCALAS (EXOTICAS)

Mayor	C D E F G A B
Pent mayor	C D E G A
Mayor de blues	C D# F F# G A
Menor	C D D# F G G# A#
Menor melódica	C D Eb F G A B
Menor armónica	C D Eb F G Ab B
Menor penta tónica	C D# F G A #
Menor blues	C D# F F# G A#
Aumentada	C D# E G G# B
Be-bop	C D E F G A A# B
Whole-half	C D D# F F# G# A B
Half-whole	C C# D# E F# G A A#
Whole tone	C D E F# G# A#
Fifth aumentada	C D E F G G# A B
Algerian	C D D# F# G G# B
Arabian	C D E F F# G# A#
Balinese	C C# D# G G#
Bartock	C D E F# G A A#
Byzantine	C C# E F G G# B
Chinese	C D E G A
Egyptian	C D F G A#
Enigmatic	C C# E F# G# A# B
Spanish	C C# E F G G# A#
Spanish 8 tone	C C# D# E F F# G# A#
Ethiopian	C D D# F G G# A#
Gipsy	C C# E F G A A#

Hungarian gipsy C D D# F# G G# A#
Hindú   C D E F G G# A#
Iwato   C C# F F# A#
Japanese   C C# F G G#
Javanese   C C# D# F G A A#
Jewish   C C# E F G G# A#
Hawaiian   C D D# F G A B
Hirajoshi   C D D# G G#
Hungarian minor C D D# F# G G# B
Hungarian mayor C D# E F# G A A#
Kumoi   C C# F G G#
Leading whole tone C D E F# G# A# B
Mohammedan   C D D# F G G# B
Mongolian   C D E G A
Neapolitan menor C C# D# F G G# B
Neapolitan mayor C C# D# F G A B
Oriental   C C# E F F# A A#
Overtone   C D E F# G A A#
Pelog   C C# D# G A#
Persian   C C# E F F# G# B
Modos griegos
Ionian
Dorian
Phygian
Lidian
Mixolidian
Aeolian
Locrian
Locrian nat 6   C C# D# F F# A A#
Mayor sharp 5 mode   C D E F G# A B
Dorian sharp 4 mode   C D D# F# G A A#
Phygian mayor   C C# E F G G# A#
Lidian sharp 2 mode   C D# E F# G A B
Super locrian double flat 7 mode C C# D# E F# G# A
Jazz minor mode   C D D# F G A B
Dorian b2 minor mode C C# D# F G A B

Una vez entendido el proceso de armonizacion de escalas podras port u propia cuanta armonizar cada una de las escalas exoticas y ver que acordes la acompañan en su interior

www.ingramcontent.com/pod-product-compliance
Lightning Source LLC
Chambersburg PA
CBHW062235220526
45471CB00009B/3497